Ley de Dependencia: Estudio sobre su implantación.

Rocío Fernández Márquez

Me gustaría dar las gracias a una serie de personas que han contribuido a la elaboración de este libro. A mi hermana Pilar Fernández Márquez y a sus compañeros/as de trabajo de la Unidad de Trabajo Social San Pablo-Nervión (Sevilla).

Índice

7.1 Actividades y tareas.

7.2 Técnicas a utilizar.

7.3 Soporte documentales.

Capítulo 12: INICIO DEL ESTUDIO
CON APLICACIÓN DE

Capítulo 1: Introducción.

El título del proyecto de investigación es el siguiente: *"Ley de Dependencia: estudio sobre su implantación"*.

Con éste proyecto pretendo conseguir un estudio profundo sobre, la <u>Ley 39/2006, de 14 de diciembre, de Promoción de la Autonomía Personal y Atención a las personas en situación de dependencia.</u> Realizaré un análisis de las carencias de la Ley, evaluando el sistema y el conocimiento de la población sobre la misma.

El proyecto tendrá una duración de 11 meses, distribuido en tres fases y llevado a cabo por dos investigadoras a tiempo completo, procedentes del Trabajo Social. Las técnicas que utilizaremos son las siguientes: análisis de fuentes documentales y estadísticas, entrevistas a informantes privilegiados, grupos de discusión, encuestas y una mesa redonda.

Al finalizar el estudio lo que se pretende es analizar nuestras hipótesis de entrada y verificar o refutar su resultado.

Capítulo 2: Naturaleza del proyecto.

Este proyecto pretende realizar un análisis de la implantación de la Ley de Dependencia. Mediante un estudio exhaustivo trataremos de delimitar las debilidades de la ley, sus carencias. De ésta forma la investigación tiene un carácter práctico para poder actuar después sobre esas debilidades.

La presente Ley[1] tiene por objeto regular las condiciones básicas que garanticen la igualdad en el ejercicio del derecho subjetivo de ciudadanía a la promoción de la autonomía personal y atención a las personas en situación de dependencia, en los términos establecidos en las leyes, mediante la creación de un Sistema para la Autonomía y Atención a la dependencia, con la colaboración y participación de todas las Administraciones Públicas y la garantía por la Administración General del Estado de un contenido

---

[1] Ley 39/2006, de 14 de diciembre (publicada en el BOE nº 299, de 15 de diciembre de 2006), de Promoción de la Autonomía Personal y Atención a las personas en situación de dependencia. Art. 1.

mínimo común de derechos para todos los ciudadanos en cualquier parte del territorio del Estado español.

El establecimiento de dicha ley ha supuesto un antes y un después. Ha creado muchas expectativas, debates sobre su solvencia, necesidades y limitaciones. Debido al aumento de la población mayor de 65 años, a la mayor calidad de vida y a los cambios sociales, están surgiendo nuevas carencias que anteriormente estaban sofocadas en el ámbito familiar. Para dar respuestas a estos problemas se instaura esta ley.

Este proyecto se quiere hacer para poder evaluar dicha ley, mejorar su calidad, sus carencias y valorar el grado de conocimiento que la población tiene sobre la ley, entre otros de sus objetivos.

El sector de población que ha llegado a la vejez (tercera o cuarta edad), es de los más importantes en cuanto a actuación de los Servicios Sociales, además de ser unos de los más numerosos cuantitativamente.

Los servicios sociales para la vejez, hoy día, tienen por finalidad específica ofrecer a la persona mayor un elenco de prestaciones y utilidades que sustituyan a la actividad laboral, así como complementar la asistencia sanitaria y las rentas económicas que perciben del sistema de Seguridad Social.

La importancia de programas sociales para la tercera edad viene exigida por dos factores: su demanda actual y las necesidades que se presentarán en el futuro a causa del crecimiento incesante de la población, en los tramos superiores de edad.

Para poder profundizar en el tema de estudio, es necesario conocer los precedentes de la Ley 39/2006, de

14 de diciembre, de Promoción de la Autonomía Personal y Atención a las personas en situación de dependencia.

Marco legal

Legislación Internacional:

En el ámbito internacional no han proliferado los instrumentos normativos sobre los SS.SS de la vejez. Lo cual no significa que dejen de existir, pues le son aplicables las disposiciones generales existentes sobre SS.SS:

- Declaración de Derechos Humanos 1948.
- Pacto Internacional de los Derechos Económicos, Sociales y Culturales 1966.
- Pacto Internacional de los Derechos Civiles y Políticos 1966.

La mayor incidencia normativa se ha dado en el ámbito de la Seguridad Social.

Se han producido Recomendaciones y Declaraciones Internacionales. Su punto de partida es el año 1982, con la celebración en Viena de la Asamblea Mundial de las Naciones sobre Envejecimiento, de dónde surge el Plan de Acción Internacional que recoge diversas recomendaciones sobre política general de actuación con la tercera edad.

- II Asamblea Mundial del Envejecimiento, convocada por la ONU, abril de 2002, aprobarán dos documentos:

- Plan de Acción Internacional, para afrontar las consecuencias del envejecimiento, sobre todo en los países en vías de desarrollo.

- Declaración política, que remarca las dificultades de los países pobres para integrarse el la economía globalizada.

Legislación Europea:

- Foro Mundial de ONG para el Envejecimiento.
- El protocolo Adicional de la Carta Social Europea, hecho en Estrasburgo el 5 de mayo de

1988 y ratificado en España el mismo año. En su art. 4°, hace referencia al derecho de las personas de edad avanzada a una protección social.

Legislación Estatal:

- Constitución Española de 1978:

En su art. 1°: dice que España se constituye en un Estado Social y Democrático de Derecho.

En su art. 9.2: Corresponde a los poderes públicos promover las condiciones para que la libertad y la igualdad del individuo y de los grupos en que se integran sean reales y efectivos; remover los obstáculos que impidan o dificulten su plenitud y facilitar la participación de todos los ciudadanos en su vida política, económica, cultural y social.

En su art. 39.1: Los poderes públicos aseguran la protección social, económica y jurídica de la familia.

El art. 40.1: Los poderes públicos promoverán las condiciones favorables para el progreso social y económico y para una distribución de la renta regional y personal más equitativa, en el marco de una política de estabilidad económica.

En el art. 41: Los poderes públicos mantendrán un régimen de la Seguridad Social para todos los ciudadanos que garantice la asistencia y prestaciones sociales suficientes ante situaciones de necesidad.

El art. 45: reconoce el derecho a disfrutar de un medio ambiente y una calidad de vida adecuada.

El art. 43: derecho a la protección a la salud.

El art. 47: derecho a una vivienda digna y adecuada.

El art. 49: dispone que los poderes públicos realizarán una política de previsión, tratamiento, rehabilitación e integración de los disminuidos físicos, psíquicos y sensoriales, a los que se prestarán la atención especializada que requieren.

El art. 50: es el artículo dedicado especialmente a la población de la tercera edad. Dice lo siguiente: Los poderes públicos garantizarán mediante pensiones adecuadas y periódicamente actualizadas, la suficiencia económica a los ciudadanos durante la tercera edad. Asimismo promoverán su bienestar mediante un sistema de SS.SS que atenderán sus problemas específicos de salud, vivienda, cultura y ocio.

- R.D 1/94, 20 de junio. Texto refundido de la Ley General Seguridad Social, regula pensiones contributivas y no contributivas.

- La Ley General de la Sanidad, Ley 14/86 de 25 de abril.

- Existen órganos estatales como el Ministerio de AA.SS, Instituto Nacional de la Seguridad Social, Instituto de SS.SS, así como asociaciones de ámbito estatal Cruz Roja, Cáritas... que tienen competencias en materia de mayores.

- Consejo Estatal de Mayores, dependiente del Ministerio de Trabajo y AA.SS, junio de 2001. II Congreso Estatal de Personas Mayores.

- Plan Gerontológico. Vigente desde 1992 y revisado en 1997. Se trata de un Plan Integral, Estatal, consensuado, aprobado por Conferencia Sectorial. Se estructura en 5 áreas.

- Renovación del Pacto de Toledo 2003. Se estableció como recomendación Adicional 3ª que "Resulta por tanto necesario configurar un sistema integrado que aborde desde la perspectiva de globalidad del fenómeno de la dependencia y la comisión considera necesario una pronta regulación en la que se recoja la definición de dependencia, la situación actual de su cobertura, los retos previstos y las políticas alternativas para su protección".

Legislación autonómica:

- Estatuto de Autonomía de Andalucía. L.O 2/2007, de reforma del E.A.A

Entre sus objetivos básicos:

Art. 10.3.15: atención a las personas en situación de Dependencia

Derechos y deberes:

Art. 19: Mayores: derecho a recibir de los poderes públicos, protección y atención integral para:

- Promoción de su autonomía personal y envejecimiento activo.
- Permita vida digna e independiente y su bienestar social e individual.
- Acceder a la atención gerontológica adecuada en el ámbito sanitario, social y asistencial
- Percibir prestaciones en los términos que establece la ley.

Art. 24: personas con discapacidad o dependencia:
- Derecho a acceder en los términos que establece la ley a las ayudas, prestaciones y servicios con garantía pública necesarios para su desarrollo personal y social.

Los poderes de la CCAA orientarán sus políticas públicas a garantizar y asegurar el ejercicio de los derechos reconocidos en el capítulo II y alcanzar los objetivos básicos establecidos art.10 mediante la aplicación de principios rectores entre ellos:

Art. 37.1.3 acceso personas mayores a unas condiciones de vida digna e independiente, asegurando su protección social e incentivando el envejecimiento activo y su participación en la vida social, educativa y cultural de la comunidad.

Art. 37.1.4 protección personas en situación de dependencia.

Competencias:

Art. 61.1: competencia exclusiva en materia de SS.SS, Voluntariado, Menores y Familias.

- La Ley de SS.SS de Andalucía 2/88 del 4 de Abril:

Configuró un Sistema Público de SS.SS, una de cuyas áreas de actuación específica se dirige a la atención y promoción del bienestar de la vejez (art. 6), creando los SS.SS Especializados para este sector de población con el objeto de promover su integración y participación en la sociedad, favoreciendo su mantenimiento en el medio habitual y evitando su marginación (art. 11).

- Decreto 137/2002, 30 De Abril, de Apoyo a las Familias Andaluzas

Se adoptan medidas a favor de los mayores, de carácter sanitario, social en el domicilio y en Centros.

- Se ha elaborado Plan Gerontológico Nacional, Plan Andaluz de Salud, Plan de SS.SS de Andalucía y Plan de Atención Integral a los Mayores Andaluces.

- Hay que destacar la Ley 6/99 de 7 de julio de Atención y Protección a las Personas Mayores.

Ley de acción integral dentro del marco de las políticas de Bienestar social.

Apuesta por el protagonismo de las personas mayores. Establece como objeto regular y garantizar un sistema integral de atención y protección a las personas mayores, que cuente con la colaboración y participación de todas las Administraciones Públicas de Andalucía así como los propios sectores sociales a la que va dirigida y cuyas actuaciones respondan a una acción planificada, coordinada y global, donde se contemplen medidas en todas las áreas que afectan a estas personas.

Se divide en 11 títulos, los cuales contempla: la participación de las personas mayores, de los SS.SS, de la atención sanitaria, de la atención socio sanitaria, el derecho a la vivienda, promoción de la educación, derechos de cultura, ocio, turismo y deporte, de la protección económica, de la protección jurídica, regula el régimen sancionador orientado a prevenir y evitar situaciones de riesgo social. Dos disposiciones adicionales. Contempla la elaboración del Plan Integral de Atención a las personas mayores y se faculta al Defensor del Pueblo Andaluz para delegar en uno de sus adjuntos todas las funciones que tenga encomendadas en esta materia.

Como conclusión de toda la normativa descrita anteriormente, podemos llegar a la conclusión que tanto a nivel internacional, nacional y autonómico se han ido estableciendo las bases de Ley de Dependencia. Todo ello sumado a lo que plantea Rodríguez Cabrero (2007), que propone que los cambios sociodemográficos en el modelo de cuidado informales y la nueva concepción social del riesgo han conducido una aceleración del debate social y político que ha concluido en el caso español en una nueva rama de la acción protectora del Estado de Bienestar, síntesis singular de la tradición mediterránea de cuidados informales, de la visión continental de la centralidad de la familia y, tendencialmente, del universalismo nórdico. [2]

Romano Guardini[3] indica que tanto las estadística del moviendo de población como la experiencia médica muestra que la edad media que se alcanza (esperanza de vida) está creciendo rápidamente.

Amparo Pulido Martínez [4] afirma que los cambios demográficos por el progresivo envejecimiento de la población española, junto con otros factores como cambios estructurales en el modelo de familia y cambios sociales y culturales en relación al nuevo rol de la mujer en la sociedad actual, generan una crisis de las estructuras de provisión de cuidados a las personas dependientes.

Si partimos de que ha existido una dicotomía entre lo público y lo privado, hombre y mujer, como

[2] Rodríguez Cabrero, G. (2007). *Política y Sociedad*. Vol. 44 (2), 69-85.
[3] Guardini, R. (1997). *Las etapas de la vida*. Madrid: Ediciones Palabras.
[4] Pulido Martínez, A (2010). *Cuaderno de Trabajo Social*. Vol. 23: 361-379.

desarrolla Pulido[5], las necesidades y dotaciones de los cuidados ha venido siendo un tema perteneciente a la esfera íntima de la familia y más concretamente atendido con el trabajo no remunerado de la mujer (apoyo informal). La Ley 39, de 14 diciembre de 2006 introduce un nuevo concepto de cuidados al socializar las atenciones personales del ámbito privado llevándolas a la esfera pública.

Al contactar esta realidad social y una vez desarrollado los inicio y la necesidad de creación de dicha ley, podemos inicial el estudio de la misma.

Marco normativo del sistema para la Autonomía y atención a la dependencia en España.

- Ley 39/2006, de 14 de diciembre, de promoción de la autonomía personal y atención a las personas en situación de dependencia.

La estructura de la Ley es la siguiente:

---

[5] Pulido Martínez, A (2010). *Cuaderno de Trabajo Social.* Vol. 23: 361-379.

En primer lugar tiene una exposición de motivos, donde se desarrollan las causas de la necesidad de crear esta Ley.

El título preliminar (arts.1-5) recoge las disposiciones que se refieren al objeto de la ley y los principios que la inspiran, los derechos y obligaciones de las personas en situación de dependencia, y los titulares de esos derechos.

El título primero (arts. 6- 33, 5 capítulos) configura el Sistema de Atención a la Dependencia, la colaboración y participación de todas las Administraciones Publicas. La necesaria cooperación entre Administraciones se concreta en la creación de un Consejo Territorial. Asimismo, se regulan las prestaciones del Sistema y el catálogo de servicios, los grados de dependencia, los criterios básicos para su valoración, así como el procedimiento de reconocimiento del derecho a las prestaciones.

El título segundo (arts. 34-41, 5 capítulos) regula las medidas para asegurar la calidad y la eficacia del Sistema, con elaboración de planes de calidad y sistemas de evaluación, y con especial atención a la formación y cualificación de profesionales y cuidadores. También se regula el Comité Consultivo del sistema, en el que participarán los agentes sociales y se dota del carácter de órganos consultivos a los ya creados, Consejo Estatal de Personas Mayores y del Consejo Nacional de la Discapacidad y Consejo Estatal de Organizaciones no Gubernamentales de Acción Social.

En el título tercero (arts. 42- 47) se regulan las normas sobre infracciones y sanciones vinculadas a las condiciones básicas de garantía de los derechos de los ciudadanos en situación de dependencia.

Disposiciones adicionales (16) introducen los cambios necesarios en la normativa estatal que se derivan de la regulación de esta ley.

Disposiciones transitorias (2), la primera regula la participación financiera del Estado en la puesta en marcha del Sistema en un periodo transitorio hasta el año 2015.

Disposiciones finales (9).

- Real decreto 504/2007, de 20 de abril, por el que se aprueba el baremo de valoración de la situación de dependencia establecido por la Ley 39/2006, de 14 de diciembre, de promoción de la autonomía personal y atención a las personas en situación de dependencia.

Modificado por:

- Real Decreto 174/2011, de 11 de febrero, por el que se aprueba el baremo de valoración de la situación de dependencia establecido por la Ley 39/2006, de 14 de diciembre, de promoción de la autonomía personal y atención a las personas en situación de dependencia.

- Real decreto 614/2007, de 11 de mayo, sobre el nivel mínimo de protección del Sistema para al Autonomía y

Atención a la Dependencia garantizado por la Administración General del Estado.

- Real decreto 615/2007, de 11 de mayo, por el que se regula la Seguridad Social de los cuidadores de las personas en situación de dependencia.

- Real decreto 727/2007, de 8 junio, sobre criterios para determinar las intensidades de protección de los servicios y la cuantía de las prestaciones económicas de la Ley 39/2006, de 14 de diciembre.

- Decreto 168/2007, de 12 de junio, por el que se regula el procedimiento para el reconocimiento de la situación de dependencia y del derecho a las prestaciones del Sistema para la Autonomía y Atención a la Dependencia, así como los órganos competentes para su valoración.

-Orden 11 de febrero de 2008, por la que se regula el procedimiento y requisitos para el ingreso en Centro Residencial de Personas Mayores en situación de Exclusión social.

- Real decreto 73/2009, de 30 de enero, sobre las prestaciones económicas de la Ley 39/2006, de 14 de diciembre.

- Orden de 23 de abril de 2007, por la que se aprueba el modelo de solicitud del Procedimiento para el Reconocimiento de la Situación de Dependencia en la Comunidad Autónoma de Andalucía.

- Orden de 3 de agosto de 2007, por la que se establecen la intensidad de protección de los servicios, el régimen de compatibilidad de las Prestaciones y la Gestión de las Prestaciones Económicas del Sistema de Autonomía y Atención a la Dependencia en Andalucía.

Modificado por:

- Orden de 7 marzo de 2008.
- Orden de 6 de abril de 2009.

- Orden de 1 octubre de 2007, por la que se aprueba los modelos de informe social, trámite de consulta y propuesta de programa individual del sistema para la autonomía y atención a la dependencia en Andalucía.

Es amplia la normativa que desarrolla dicha ley, ahora bien en este momento nos vamos a centrar en las debilidades que algunos autores plantean sobre la ley.

En cuanto a la perspectiva competencial según Martín Castro, Mª B. [6], uno de los posibles núcleos problemático puede derivar de cómo encajar en una materia ya regulada por la CCAA, la intervención estatal a la que quería otorgarle preeminencia, pero sin obstaculizar la trayectoria autonómica en Servicios Sociales, respetando así el reparto competencial. Surgía la dificultad de compatibilizar la desigualdad territorial de los diversos sistemas públicos de Servicios Sociales autonómicos con el principio de igualdad de los españoles.

---

[6] Martín Castro, MªB. (2010). *Cuaderno de Trabajo Social.* Vol. 23: 163-187.

Con el Real Decreto 174/2011, de 11 de febrero, por el que se aprueba el baremo de valoración de la situación de dependencia establecido por la Ley 39/2006, de 14 de diciembre, de promoción de la autonomía personal y atención a las personas en situación de dependencia. Se modifica el Baremo de Valoración de las Personas en situación de dependencia, se pretende conseguir la homologación de las evaluaciones que se realizan en las diferentes comunidades autónomas, mejorando la fiabilidad del instrumento. Con esta modificación se intenta trabajar sobre el tema de la desigualdad territorial de los diversos sistemas públicos de Servicios Sociales autonómicos, con el principio de igualdad de los españoles, buscando una similitud entre las diferentes comunidades autónomas.

Rodríguez Cabrero, G [7], afirma que el éxito de este sistema de intervención social radia, en la capacidad de las distintas administraciones públicas de superar la fragmentación entre ellas, sentando las bases de una

---

[7] Rodríguez Cabrero, G. (2007). *Política y Sociedad*. Vol. 44 (2), 69-85.

coordinación múltiple y estable entre el sistema de servicios sociales y el sistema sanitario, entre el sistema de servicios sociales comunitarios y los servicios especializados y entre el cuidado formal y el cuidado informal. La superación de la fragmentación interna en el propio sistema de servicios sociales.

Otras de las cuestiones que varios autores menciona, es el tema del catálogo de servicios, en el art. 15 [8] se enumeran los servicios que se incluyen:

a) Servicio de prevención de las situaciones de dependencia y los de promoción de la autonomía personal.

b) Servicio de teleasistencia.

c) Servicio de Ayuda a Domicilio.

d) Servicio de Centros de Día y de Noche.

e) Servicio de atención residencial.

En el art. 17 se regula la prestación económica vinculada al servicio.

---

[8] Ley 39/2006, de 14 de diciembre (publicada en el BOE nº 299, de 15 de diciembre de 2006), de Promoción de la Autonomía Personal y Atención a las personas en situación de dependencia. Art. 15, 18.

En el art. 18 que regula la prestación económica para cuidados en el entorno familiar y apoyo a cuidadores no profesionales. Se indica claramente su carácter de excepcional.

En el art. 19 se regula la prestación económica de asistencia personal

Andalucía cuenta con casi el 40% de los convenios suscritos para cuidadores no profesionales en toda España.

En Andalucía como podemos observar en el la tabla 1, el 44,82 % de las personas beneficiarias tienen Prestación Económica para cuidados en el entorno familiar y apoyo a cuidadores no profesionales.

No se esta cumpliendo el espíritu de la norma, aunque se debe dar prioridad a la asistencia y servicios, asignan prestaciones económicas a pesar de que la ley la contemple como una vía subsidiaria. Datos que se explican por ser menos costosa, de fácil gestión y mayor inmediatez, por la larga tradición y consenso social en España del cuidado familiar como natural.[9]

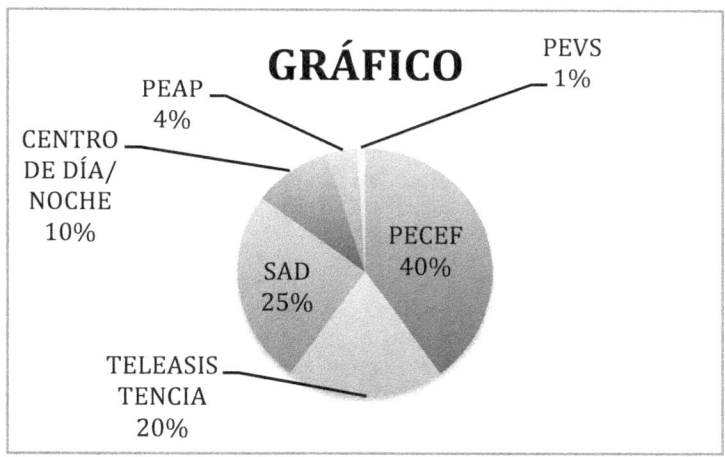

Tabla 1: Elaboración Propia * Datos obtenidos del Instituto de Mayores y Servicios Sociales.

---

[9] Martín Castro, MªB. (2010). *Cuaderno de Trabajo Social.* Vol. 23: 163-187.

Rodríguez Cabrero, G. [10] afirma que el mayor peso de las prestaciones monetarias puede suponer un cierto retraso en la construcción de una red pública.

Otro de los mayores problemas, según Pulido, es la falta de recursos. Es imprescindible el crecimiento de la red de recursos. Mayor cobertura presupuestaria, en general mejorar la dotación de recursos, cuya escasez sobrecarga a los profesionales de los Servicios Sociales. [11] Agravando las listas de esperar, los usuarios en muchos casos no llegan a acceder al recurso por haber fallecido.

Pulido también indica que el problema de la Sostenibilidad, se legisló en una fase expansiva del PIB y ahora la crisis apremia. Las erróneas estimaciones de población, los costes mayores a los previstos y duplicidades de proyecciones llevan a los expertos a

---

[10] Rodríguez Cabrero, G. (2007). *Política y Sociedad*. Vol. 44 (2), 69-85

[11] Pulido Martínez, A (2010). *Cuaderno de Trabajo Social*. Vol. 23: 361-379.

subrayar la divergencia entre las expectativas y la realidad.

Las hipótesis de trabajo que me planteo, para su posterior verificación o refutación, son las siguientes:

- La población en general desconoce el catálogo de servicios de la Ley de Dependencia.
- El mayor recurso solicitado por los usuarios/as es la prestación económica para cuidados en el medio familiar y apoyo a cuidadores no profesionales.
- La falta de personal en los centros de servicios sociales es una de los problemas más importante para retrasar la implantación de la misma.
- La burocratización del Sistema impide el cumplimiento de los objetivos.
- Ha habido un cambio desde 2007 hasta la actualidad a la hora de obtener puntos, siendo más estrictos en estos momentos.
- Las interferencias políticas pueden influir en la actividad profesional de los técnicos.

- Existe poca coordinación entre los valoradores/as y los técnicos de los centros de Servicios Sociales encargados de realizar los PIAs.

- El SAD ha experimentado un desarrollo considerable desde el establecimiento de la Ley.

Objetivos

- Analizar el Sistema Público de Dependencia en Andalucía.
- Conocer la capacidad de respuesta del servicio de Dependencia de la Comunidad Autónoma.
- Evaluar el sistema de dependencia de la Comunidad Autónoma de Andalucía.

Objetivos específicos

- Analizar el nivel de cumplimiento del calendario establecido por ley.
- Describir el perfil del usuario/a atendido.
- Analizar si el personal contratado es suficiente para la demanda planteada del servicio.
- Abrir líneas de reflexión que permitan enriquecer la calidad de los servicios ofrecidos.
- Proponer posibles medidas de actuación en beneficio de los usuarios.

A continuación mostramos las metas que pretendemos conseguir con las actividades que planteamos en nuestro proyecto:

Meta 1: Crear una Mesa redonda sobre la "Ley de Dependencia", conseguir una gran participación de la población, incrementando el conocimiento sobre la Ley a la población en general. Aumentando el conocimiento sobre la misma en un 50 por ciento.

Meta 2: Captar el 80 por ciento de carencias que presenta la ley.

Meta 3: Tener al menos una reunión mensual todos los miembros del equipo, para poner en común el trabajo.

Meta 4: Realizar al menos dos evaluaciones.

Meta 5: Mejorar la situación de los beneficiarios de la ley, un 50 por ciento.

Capítulo 7: Metodología.

Este proyecto hará uso de diferentes actividades para la consecución de los objetivos propuestos anteriormente.

A continuación voy a detallar en que consisten dichas actividades; así como las técnicas que vamos a utilizar.

7.1 Actividades y tareas.

Actividades	Tareas
Creación de varios grupos de discusión.	- Contactar con los participantes. - Concertar día y hora para las diferentes secciones. - Recopilar la información. - Analizar y procesar la documentación. - Sacar conclusiones.

Creación de una Mesa redonda.	- Selección de ponentes. - Elección del día y hora para realizarla. - Difusión del evento. - Conclusiones.
Realización de entrevista a T.S de los SS.SS Comunitarios.	- Realización del modelo de entrevista. - Realizar llamadas telefónicas a los distintos centros de SS.SS Comunitario para concertar citas con T.S. - Realizar las entrevistas. - Tratamiento de la información obtenida en las entrevista a los/as T.S de los centros de SS.SS Comunitarios
Realización de entrevista a T.S de la	- Realización del modelo de entrevista.

38

Junta de Andalucía.	- Realizar llamadas telefónicas a la Junta de Andalucía para contactar con los/as trabajadores/as. - Realizar las entrevistas. - Tratamiento de la información obtenida en las entrevista.
Realización del cuestionario para la población.	- Realización del modelo de cuestionario - Realizar los cuestionarios a la población. - Tratamiento de la información obtenida.
Conclusiones	- Obtener conclusiones de todos los datos recabados con las distintas técnicas de investigación.

7.2 Técnicas a utilizar.

A continuación voy a desarrollar las diferentes técnicas que voy a utilizar, para desarrollar el proyecto. Entre las tres técnicas que voy a utilizar podemos hacer dos grupos: Técnicas cualitativas y Técnicas cuantitativas.

Las técnicas cualitativas que vamos utilizar son:

- El grupo de discusión: es una técnica básica de investigación. Trata de captar la realidad social a partir del debate o la discusión en pequeños grupos. Se trata de reproducir aquellos que sucede en la sociedad (macrosituación), a través de un grupo de personas (microsituación).[12] Intervienen 3 elementos: El grupo, el moderador y el tema a debatir.

---

[12]Rubio, Mª J/ Varas J. (1999). *El análisis de la realidad en la intervención social. Métodos y técnicas de investigación.* Madrid: Editorial CCS.

Se realizan 4 grupos de discusión. Dos de ellos, estarán formados por profesionales que trabajan en el ámbito de la Ley de Dependencia, trabajadores/as Sociales, Auxiliares de ayuda a domicilio y administrativos. Se pretende que exista una diversidad para aportar diferentes puntos de vista. El número total de participantes será de 7 personas por grupo. El tema de debate será "Ley de dependencia: Implantación, limitaciones y virtudes".

Los otros dos grupos de discusión, tendrán una representación de la población beneficiaria de dicha Ley. Tendrán 8 participantes, 4 de ellos trabajadores de éste ámbito y los otros 4 participantes serán usuarios o familiares de usuarios. Se eligen a las personas de forma intencionada. El tema de debate será "Ley de dependencia: limitaciones y virtudes".

El papel del moderador/a es muy importante y seguirá las siguientes reglas básicas:

a) Introducir el tema con el máximo de imparcialidad.

b) Permanecer a la escucha.

c) No tomar partido a favor de ninguna opinión.

d) No emitir juicios de valor.

e) No exponer opiniones propias.

f) Adaptar su lenguaje al de los participantes.

g) Mantenerse a la escucha desde un lugar de autoridad (promover el trabajo grupal, señalar el tema a discutir, exponer la dinámica, garantizar la participación de todos).

h) Hacer labores propias de moderación de un debate (reconducir el tema, pedir aclaraciones, hacer respetar todas las opiniones). [13]

Una vez realizados los cuatro grupos de discusión se procederá al análisis del discurso.

---

[13] Rubio, Mª J/ Varas J. (1999). *El análisis de la realidad en la intervención social. Métodos y técnicas de investigación.* Madrid: Editorial CCS.

Las reuniones de los grupos son registradas en una grabadora, para la posterior trascripción. A partir de esta documentación se analizarán e interpretarán los datos.

- Entrevistas en profundidad: es uno de los principales instrumentos al servicio de la investigación social. "Es un encuentro hablado entre dos individuos que comporta interacciones tanto verbales como no verbales".[14]

Los elementos básicos a resaltar, al utilizar esta técnica son:

a) Se trata de una situación cara a cara, entre el investigador y la persona entrevistada.

b) La conversación está sostenida por un propósito (objetivos de investigación).

c) La relación entrevistador-entrevistado es asimétrica.

---

[14] Pope, B (1979): *The mental healt interview: Research and application.* Nueva York. Pergamon.

d)	El soporte básico de información es la palabra. [15]

Las entrevistas que se llevarán a cabo, serán según el objetivo: Entrevista de investigación. En este caso serán entrevistas focalizadas, se centran en un tema muy específico que será la Ley de Dependencia.

Y según el grado de estructuración y directividad: Entrevista directiva o semiestructurada.

El modelo de entrevista realizado ira de lo más general a lo más específico, de las cuestiones menos relevantes a las relevantes y más centrales, de la descripción de los hechos a su interpretación.

---

[15] Rubio, Mª J/ Varas J. (1999). *El análisis de la realidad en la intervención social. Métodos y técnicas de investigación.* Madrid: Editorial CCS.

El rol del entrevistador será de igualdad: se tratará a los diferentes entrevistados de igual a igual.

La técnica cuantitativa que voy a utilizar es la encuesta.

- Encuesta: García Ferrado la define como "una investigación realizada sobre una muestra de sujetos representativa de un colectivo más amplio, que se lleva a cabo en el contexto de la vida cotidiana, utilizando procedimientos estandarizados de interrogación, con el fin de obtener mediaciones cuantitativas de una gran variedad de características objetivas y subjetivas de la población". [16]

El cuestionario es estandarizado, recoge tanto preguntas como respuestas fijas. La mayoría de las preguntas del cuestionario son preguntas

---

[16] García Ferrando, M. (1982). *Socioestadística. Introducción a la Estadística en Sociología*. Madrid, CIS.
Rubio, Mª J/ Varas J. (1999). *El análisis de la realidad en la intervención social. Métodos y técnicas de investigación*. Madrid: Editorial CCS.

45

cerradas, aunque incorporaré alguna pregunta abierta.

Entre los tipos de encuesta optaremos por la encuesta personal. Siendo esta la más utilizada. Donde se produce la relación entre entrevistado y entrevistador cara a cara, obteniendo un mayor grado de respuesta.

Para que los datos obtenidos tengan valor, hay que tener especial cuidado a la hora de la selección de la muestra.

7.3 Soporte documentales.

Los documentos de organización en general:

- Listado de los trabajadores de los centro de Servicios Sociales Comunitarios. (Trabajadores Sociales, encargados de realizar los PIA).
- Listado de los trabajadores Sociales de la Junta de Andalucía que se ocupan de realizar las valoraciones.
- Agenda.

- Cronograma.

- Guión de la entrevista a los Tabajadores/as Sociales de los Centro de Servicios Sociales Comunitario.

- Guión de la entrevista a los Tabajadores/as Sociales de la Junta de Andalucía (valoradores).

- Formulario de preguntas, encuesta.

- Diario de campo.

- Díptico y carteles para dar publicidad "Mesa redonda".

Macrolocalización.

El espacio geográfico donde tendrá lugar el proyecto es la superficie total de la Comunidad Autónoma de Andalucía.

Microlocalización.

Las distintas actividades del proyecto se realizaran en los diferentes centros de servicios sociales comunitarios de las diferentes provincias.

La duración del proyecto es de 11 meses que se distribuirán de la siguiente manera, según las fases:

- Fase de iniciación: comprenderá desde el 1 de Mayo de 2011 hasta el 31 de Junio de 2011. Esto supondrá alrededor del 19 % del tiempo total.

- Fase del trabajo de campo: se desarrollará en los ocho meses siguientes, es decir, desde el 1 de Julio de 2011 hasta el 31 de Enero de 2012. Será la fase más larga, ocupando alrededor del 62% del tiempo total.

- Fase final: con la que concluirá el proyecto de investigación. Empezará el 1 de Febrero de 2012 y finalizará el 31 de Marzo de 2012. Al igual que la fase inicial contará con alrededor del 19% del tiempo total.

Capítulo 10: Recursos

Los recursos que vamos a necesitar para el desarrollo de este proyecto los vamos a diferenciar en tres tipos:

1. Recursos materiales.
2. Recursos humanos.
3. Recursos financieros.

1. Recursos materiales

- Material de papelería: papel, bolígrafos, folios, fotocopias...
- Grabadora.
- Ordenador portátil.
- Mobiliario: mesas, sillas, armarios.
- Vehículo propio. Desplazamientos.

2. Recursos humanos.

El equipo de investigación estará compuesto por dos profesionales diplomados/as en Trabajo Sociales, los cuales desarrollarán todas las fases de la investigación conjuntamente, manteniendo una estrecha coordinación. Además de dos alumnos/as en prácticas.

Personal	Experiencia	Tiempo semanal	Responsabilida-des	Titulación
2 Trabajadores/as Social	Relacionada con la tercera edad	40 horas	- Desarrollar todo el proyecto	Diplomada en Trabajo Social
2 Alumnos/as en prácticas	No es necesaria.	20 horas	-Apoyo al desarrollo del proyecto.	Estar matriculado en último curso de la diplomada de Trabajo Social o Estadística.

3. Recursos financieros.

La financiación necesaria par desarrollar este proyecto viene de unas cuentas ajenas al centro, es decir, va a correr a cargo de la Junta de Andalucía.

Capítulo 11: Presupuesto.

En este apartado desglosaremos los recursos necesarios para llevar a cabo este proyecto. Haremos una distinción entre los recursos materiales y los recursos humanos, además especificaré la cantidad y el importe total.

Recursos materiales	Cantidad	Total
- Paquete de folios	10	35
- Carpetas	20	12
- Ordenador portátil	1	500
- Impresora	1	50
- Archivadores	4	32
- Tinta de impresora	15	150
- Bolígrafos	50	25
- Grabadora	2	75
- Estanterías	2	100
Total materiales		979 €

Recursos humanos	Tiempo de contratación	Cantidad	Salario/ mes	Total
Trabaja- dores/as Sociales	11 meses	2	1.300 + 100 desplaza- mientos	30.800
- Alumnos en prácticas			100	2.200
Total				33.000 €

Por último, la siguiente tabla muestra el presupuesto total:

Recursos Materiales	979€
Recursos Humanos	33.000€
Total	33.979€
Imprevistos (5%)	1.698,95 €
Total	*35.677,95 €*

Capítulo 12: INICIO DEL ESTUDIO CON APLICACIÓN DE ALGUNA TÉCNICA.

La parte práctica del trabajo de investigación la he iniciado realizado varias entrevista a testigos privilegiados, en los anexos realizó una trascripción de los datos más significativos de cada entrevista.

Análisis de la información obtenida:

1. ¿Cuánto tiempo llevas trabajando en la realización de PIA?

Observamos como los trabajadores entrevistados llevan muy poco tiempo realizando estas funciones.

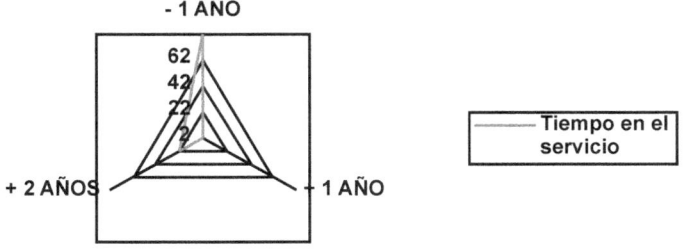

4. ¿Qué instrumentos y/o herramientas utiliza habitualmente?

La mayoría de los entrevistados coinciden en la respuesta a esta pregunta, ya que todos utilizan las técnicas propias del trabajo social: Entrevista, informe social, observación, visitas domiciliarias... Además de utilizar SIUSS y Netgefy.

5. Del catálogo de servicios que ofrece la Ley 39/2006, de 14 de diciembre, de Promoción de la Autonomía Personal y Atención a las personas en situación de dependencia, ¿cuál es el más demandado, según tu experiencia profesional?

Con esta respuesta confirmamos que la prestación que más se solicita es la Prestación Económica de Cuidados del Entorno Familiar.

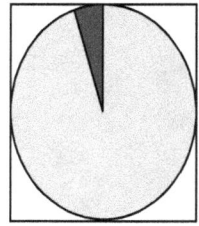

6. ¿Existe coordinación entre los T.S encargados de las valoraciones y los T.S encargados de realizar los PIA? Si existe descríbela....

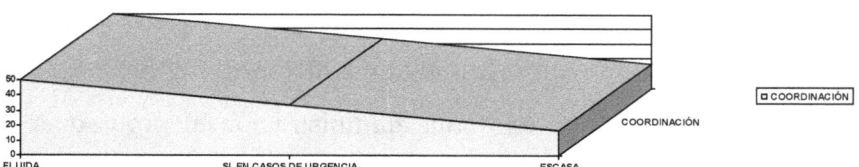

8. ¿Cual crees que es el mayor problema que presenta la Ley 39/2006, de 14 de diciembre, de Promoción de la Autonomía Personal y Atención a las personas en situación de dependencia?

Los mayores problemas que nuestros entrevistados aportan son: Sostenibilidad del sistema, co-pago, descoordinación entre las instituciones, falta de recursos, problema de tiempo (no se cumplen los periodos establecidos, lista de espera...) No incluyen la burocratización.

8. ¿Qué propondrías para solucionar dicho problema?

La mayores opciones para solucionar dichos problemas se solventarían con aumentar los recursos (humanos, mayores equipamientos...). Con una mayor coordinación entre las administraciones implicadas, o centralizando en una sola administración el proceso de valoración y tramitación de la ley. Un único programa informático.

9. ¿Desde el establecimiento de la Ley 39/2006, de 14 de diciembre, de Promoción de la Autonomía Personal y Atención a las personas en situación de dependencia existe un aumento del servicio de ayuda en el domicilio?

El 100% de los entrevistados indica que ha habido un aumento de la solicitud de esta prestación.

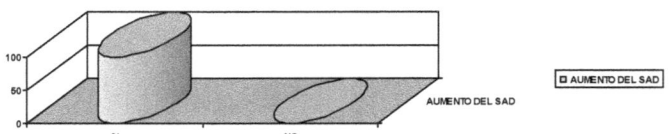

10. En que medida crees que afecta la burocratización a la implantación de la ley?

El 80 % de los encuestados/as opinan que la burocratización afecta negativamente, ya que indican que no se pueden cumplir los plazos, se alarga el procedimiento, sufriendo las consecuencias el usuario, listas de esperas…

En cambio uno/a de los entrevistados opina que la burocratización no es un problema para la implantación de la ley, opina que la falta de recursos es la consecuencia de limitaciones a la hora de aplicar la ley.

11. ¿Crees que en tu trabajo puede haber ciertas interferencias políticas?

El 80 % opinan su trabajo está interferido por cuestiones políticas.

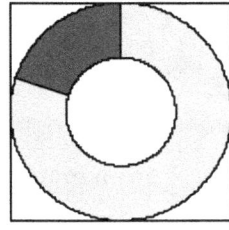

Conclusiones al aplicar la técnica de investigación

Las hipótesis de trabajo planteadas al inicio del la investigación, con la información obtenida de las diferentes entrevistas podemos verificar o refutar, los siguientes:

Verificamos que:

- El mayor recurso solicitado por los usuarios/as es la prestación económica para cuidados en el medio familiar y apoyo a cuidadores no profesionales.

- La falta de personal en los centros de servicios sociales es una de los problemas más importante para retrasar la implantación de la misma.

- La burocratización del Sistema impide el cumplimiento de los objetivos. En éste ítem deberíamos aclarar que al preguntar la cuestión 7 ninguno de los entrevistados menciona la burocratización como mayor problema que presenta la ley. Por lo tanto esta hipótesis no quedaría verificada, porque al proponerme esta hipótesis partía de que la burocratización sería entendida como principal problema, y en las entrevista se observa que se tiene en cuenta sólo en el momento que lo pregunto directamente.

- Las interferencias políticas pueden influir en la actividad profesional de los técnicos. La mayoría de los entrevistados opinan que en cierta medida han visto su trabajo influido por presiones políticas. Con lo cual se verifica la hipótesis.

- Existe poca coordinación entre los valoradores/as y los técnicos de los centros de Servicios Sociales encargados de realizar los PIAs. La mayoría de los entrevistado piensan que si que existe coordinación entre las distintas administraciones. Ésta hipótesis quedaría refutada. Aunque es importante el dato que en la cuestión 8, que plantean como solución a los problemas de la ley la centralización de la gestión, valoración y

tramitación de la misma en los SS.SS
Comunitarios exclusivamente.

- El SAD ha experimentado un desarrollo
  considerable desde el establecimiento de la Ley.
  Queda verificada.

Capítulo 13: ANEXOS

Anexo1: Entrevistas realizadas a los/as Trabajadores/as Sociales de los centros de Servicios Sociales Comunitarios, encargados en realizar PIA. (Trascripción).

Entrevista 1.

Identificación:

Edad   __35_

Sexo   __MUJER_

1.   ¿Cuánto tiempo llevas trabajando en la realización de PIA?

Unos 6 meses

2.   ¿Cuáles son las funciones que realizas? ¿ Cómo es el trabajo día a día?

Atención, asesoramiento e información a las familias en todo el procedimiento de reconocimiento de la situación de dependencia hasta primera resolución.

Gestión de solicitudes, abrir Exp SIUSS, subsanación de solicitudes. Elaboración del PIA (VD, Recogida de documentación, Informe Social, Trámite de Consulta). Incapacitaciones, Contestación al teléfono del Mayor. Propuesta de Servicio de Ayuda a Domicilio, Facturación, Incidencias del Servicio, modificaciones de Acuerdo, Visita a Domicilio de seguimiento de Casos. Gestión de documentación. Derivación de casos a otros servicios. Reuniones de coordinación, equipo, negociado, etc...)

Cada día lo tenemos dedicado a una parte del procedimiento. Lunes (Trabajo Administrativo, planificación de agenda (VD, SUB, INCIDENCIAS) Martes (PIAS) Miércoles (VD SAD, Propuesta de SAD...) Jueves (Atención individual de casos y de urgencias..) Viernes (reuniones de coordinación con la empresa de ayuda a domicilio, reuniones de servicio, equipo y negociado).

3.   ¿Qué destacaría de su trabajo?

La diversidad de tareas y de funciones lo que hace que sea muy enriquecedor el trabajo. También el trato directo con los usuarios a través de la atención individual, lo que hace que desarrolles muchas habilidades sociales.

4. ¿Qué instrumentos y/o herramientas utiliza habitualmente?

Informe social, Nota informativa, Diligencias….

5. Del catálogo de servicios que ofrece la Ley 39/2006, de 14 de diciembre, de Promoción de la Autonomía Personal y Atención a las personas en situación de dependencia, ¿cuál es el más demandado, según tu experiencia profesional?

Sin dudarlo la Prestación Económica de Cuidados del Entorno Familiar (PECEF)

6. ¿Existe coordinación entre los T.S encargados de las valoraciones y los T.S encargados de realizar los PIA? Si existe descríbela….

Existe una gran coordinación entre el Valorador de la Junta y TS de los SSSSC, de hecho, esta completamente integrado en nuestro organigrama, ello facilita el trabajo por ambas partes (detección de casos de urgencias, información de valoraciones..)

7.   ¿Cual crees que es el mayor problema que presenta la Ley 39/2006, de 14 de diciembre, de Promoción de la Autonomía Personal y Atención a las personas en situación de dependencia?

La sostenibilidad financiera, el copago del sistema y el tiempo que trascurre entre que el usuario presenta la solicitud y puede acceder al recurso concedido (unos 2 años).

8.   ¿Qué propondrías para solucionar dicho problema?

Más Recursos humanos, un copago más exhaustivo. Más coordinación entre administraciones implicadas. Más equipamientos. (plaza de residencia, UED,…)

9.   ¿Desde el establecimiento de la Ley 39/2006, de 14 de diciembre, de Promoción de la Autonomía Personal y Atención a las personas en situación de dependencia existe un aumento del servicio de ayuda en el domicilio?

En estos últimos cuatro años, el Servicio de Ayuda a Domicilio ha aumentado de usuarios considerablemente debido principalmente a que nuestra zona está habitada por población mayor, actualmente contamos con 500 usuarios que se benefician del SAD.

10. En que medida crees que afecta la burocratización a la implantación de la ley?

Como he dicho anteriormente, la burocratización genera muchos ladrones del tiempo, lo que hace que el procedimiento se alargue de tal manera que incluso creo que llega al maltrato institucional.

11. ¿Crees que en tu trabajo puede haber ciertas interferencias políticas?

Por supuesto, ahora al haber elecciones municipales se nos ha priorizado la elaboración de PIAS.

Gracias por su colaboración.

Entrevista 2.

Identificación:

Edad   _32_

Sexo   _MUJER_

1. ¿Cuánto tiempo llevas trabajando en la realización de PIA?
Desde diciembre del 2010

2. ¿Cuáles son las funciones que realizas? ¿ Cómo es el trabajo día a día?
Soy Trabajadora Social del Servicio de Información, pero debido a la saturación de trabajo y a la larga lista de espera para la realización de los PIAS desde Diciembre del año 2010 tenemos este trabajo añadido.

Las funciones en los PIA son: asignación del caso a través del NetGefys, concertación de visita domiciliaria, realización de la misma, recopilación de documentación, entrevista con familiares en su caso, elaboración del informe y PIA en el NetGefys, una vez aprobado, impresión de los mismo y remisión a la Delegación.

Para la realización de los PIA empleo un día a la semana, a primera hora realizo las visitas y luego en el centro se realiza informe y PIA o bien de la visita realizada o de la semana anterior.

Funciones del SIOV:

Lunes: realizo entrevistas de los casos de segundo nivel, cinco semanales, gestionando los recursos necesarios.

Martes PIAS

Miércoles: día de tarde. Realización de informes, notificaciones, actividades pendientes etc.

Jueves: Día de atención del primer nivel

Viernes: reuniones de servicio y de equipo, una vez al mes es realizada una reunión grupal de arraigo.

Todos los días vamos metiendo las actividades necesarias de realizar como coordinación con profesionales y técnicos de salud o de otros servicios.

3. ¿Qué destacaría de su trabajo?
La cantidad y diversidad

4. ¿Qué instrumentos y/o herramientas utiliza habitualmente?

Entrevista, informe social, notas informativas, escucha activa, observación, visita domiciliaria y la ficha de informatización SIUSS, además de diversos cuadrantes y tablas de organización.

5. Del catálogo de servicios que ofrece la Ley 39/2006, de 14 de diciembre, de Promoción de la Autonomía Personal y Atención a las personas en situación de dependencia, ¿cuál es el más demandado, según tu experiencia profesional?

Prestación Económica en el cuidado familiar

6.¿Existe coordinación entre los T.S encargados de las valoraciones y los T.S encargados de realizar los PIA? Si existe descríbela....

Si, en los casos de urgencia es solicitada la valoración y ellos priorizan. Ocupan un lugar en el mismo centro y los tenemos fácilmente accesibles.

7.¿Cual crees que es el mayor problema que presenta la Ley 39/2006, de 14 de diciembre, de Promoción de la Autonomía Personal y Atención a las personas en situación de dependencia?

El largo procedimiento y lista de espera

8.¿Qué propondrías para solucionar dicho problema?

Contratación de más personal y que fuera exclusivo de una u otra administración no interrelacionadas Junta de Andalucía y ayuntamiento

9.¿Desde el establecimiento de la Ley 39/2006, de 14 de diciembre, de Promoción de la Autonomía Personal y Atención a las personas en situación de dependencia existe un aumento del servicio de ayuda en el domicilio?

Si muchísimo, de usuarios, el personal ha crecido muy poco.

10. En que medida crees que afecta la burocratización a la implantación de la ley?

Mucho, en la medida de ampliación de plazos y no cumplimiento de fechas del procedimiento. Larga lista de espera.

11. ¿Crees que en tu trabajo puede haber ciertas interferencias políticas?

Si. Opino que la ley de dependencia da muchos votos electorales y a los profesionales de otros servicios nos han asignado este trabajo extra con objeto de mejorar la lista de espera y que no perjudique de cara a las elecciones electorales.

Gracias por su colaboración.

Entrevista 3.

Identificación:

Edad   _36_
Sexo   _ Varón_

1. ¿Cuánto tiempo llevas trabajando en la realización de PIA?

Enero 2011

2.¿Cuáles son las funciones que realizas? ¿Cómo es el trabajo día a día?

Visita a domicilio

Información y asesoramiento a la familia del dependiente

Estudio y diagnostico de la situación del dependiente

Recogida de documentación

Emisión de PIA

3.¿Qué destacaría de su trabajo?

La carga de trabajo que supone una tarea nueva a la dinámica de funcionamiento del Servicio al que pertenezco.

4.¿Qué instrumentos y/o herramientas utiliza habitualmente?

Visita a domicilio

Entrevista

5.Del catálogo de servicios que ofrece la Ley 39/2006, de 14 de diciembre, de Promoción de la Autonomía Personal y Atención a las personas en situación de dependencia, ¿cuál es el más demandado, según tu experiencia profesional?
PECEF

6.¿Existe coordinación entre los T.S encargados de las valoraciones y los T.S encargados de realizar los PIA? Si existe descríbela....
En mi UTS si existe coordinación, pero ésta es informal. Cuando se requiere cualquier información sobre una valoración o incluso se requiere agilizar una valoración se contacta con la valoradora que viene a la UTS diariamente.

7.¿Cual crees que es el mayor problema que presenta la Ley 39/2006, de 14 de diciembre, de Promoción de la Autonomía Personal y Atención a las personas en situación de dependencia?

La falta de recursos humanos, técnicos, económicos y de equipamientos.

8.¿Qué propondrías para solucionar dicho problema?

Mayores recursos.

9.¿Desde el establecimiento de la Ley 39/2006, de 14 de diciembre, de Promoción de la Autonomía Personal y Atención a las personas en situación de dependencia existe un aumento del servicio de ayuda en el domicilio?

Si

10. En que medida crees que afecta la burocratización a la implantación de la ley?

No creo que afecte la burocratización, afecta la falta de recursos humanos, técnicos, económicos y de equipamientos. Si existiesen suficientes recursos la burocratización no afectaría a la implantación de la Ley.

11. ¿Crees que en tu trabajo puede haber ciertas interferencias políticas?

No

Gracias por su colaboración.

Entrevista 4.

Identificación:

Edad   _38_

Sexo   _M_

1. ¿Cuánto tiempo llevas trabajando en la realización de PIA?

4 meses

2. ¿Cuáles son las funciones que realizas? ¿ Cómo es el trabajo día a día?

Cuando se me asigna el caso para la realización del PIA acuerdo una visita domiciliaria con el dependiente y familia si es posible. Se recoge documentación necesaria, se realiza entrevista de valoración de la prestación más adecuada en función de las características del caso y las necesidades del dependiente. Posteriormente se realiza el informe para la Junta de Andalucía en el programa informático Netgefys. Una vez realizado el informe propuesta se envía a la JA para su validación por los técnicos de dependencia de la JA. Estos técnicos con la validación aprueban o no la propuesta planteada desde la UTS.

Si es validado el PIA, se envía en formato papel junto a la documentación necesaria

3.¿Qué destacaría de su trabajo?

Debido al incremento de PIAs sin realizar en la zona donde trabajo todos los profesionales TS en estos momentos nos estamos dedicando a la realización de PIAs desde la UTS, por lo que es un trabajo mas añadido a las funciones que ya realizábamos. Por lo tanto existe una saturación importante de carga laboral.

4.¿Qué instrumentos y/o herramientas utiliza habitualmente?

Entrevista, observación directa, cuaderno de notas, los modelos documentales necesarios, Informe Social, teléfono, ordenador...

5.Del catálogo de servicios que ofrece la Ley 39/2006, de 14 de diciembre, de Promoción de la Autonomía Personal y Atención a las personas en situación de dependencia, ¿cuál es el más demandado, según tu experiencia profesional?

Las prestaciones más demandadas son el SAD y PECEF.

6.¿Existe coordinación entre los T.S encargados de las valoraciones y los T.S encargados de realizar los PIA? Si existe descríbela....

La coordinación existe cuando hay algún caso urgente para la realización de la valoración, se comenta con la técnica de valoración de la JA que trabaja en la zona para que sepa la necesaria y urgente valoración del caso y esté sobre avisada para que lo priorice cuando la

JA le envié los nuevos casos para la realización de la valoración de grado y nivel.

7.¿Cual crees que es el mayor problema que presenta la Ley 39/2006, de 14 de diciembre, de Promoción de la Autonomía Personal y Atención a las personas en situación de dependencia?

No se están cumpliendo los plazos establecidos para la resoluciones y aplicaciones de prestaciones, por lo tanto los dependientes esperan casi dos años en poder ser beneficiarios de las prestaciones reconocidas.

Muchos de ellos fallecen a lo largo del procedimiento.

Por otro lado existe un gran número de solicitudes pendientes de resolver y se necesitaría una ampliación de personal que finalizara con la situación actual de saturación de solicitudes .

8.¿Qué propondrías para solucionar dicho problema?

Ampliación y dotación de profesionales TS en los centros de servicios sociales.

9.¿Desde el establecimiento de la Ley 39/2006, de 14 de diciembre, de Promoción de la Autonomía Personal y Atención a las personas en situación de dependencia existe un aumento del servicio de ayuda en el domicilio?

Si se ha incrementado el número de casos de ayuda a Domicilio, ampliándose cuantitativamente el concierto establecido con la empresa que lleva este servicio desde el ayuntamiento.

10. En que medida crees que afecta la burocratización a la implantación de la ley?

Afecta en la cantidad de tiempo que se pierde y en la tardanza en resolver los expedientes perjudicando a los dependientes y en el disfrute de los derechos que la ley reconoce

11. ¿Crees que en tu trabajo puede haber ciertas interferencias políticas?

Si sobre todo cuando se nos pide constantemente cuantificaciones del trabajo realizado, cuando hay que resolver algún expediente antes porque lo solicite el político de turno.

Entrevista 5.

Identificación:

Edad __29__
Sexo __F__

1.¿Cuánto tiempo llevas trabajando en la realización de PIA?
2009

2.¿Cuáles son las funciones que realizas? ¿ Cómo es el trabajo día a día?
- Revisión y estudio de expedientes
- Visita domiciliaria
- Entrevistas
- Elaboración de informe social y propuesta de PIA
- Coordinación con otras instituciones y con el mismo equipo

3.¿Qué destacaría de su trabajo?
El gran volumen de trabajo

4.¿Qué instrumentos y/o herramientas utiliza habitualmente?

- En soporte informático Netgefy el informe social y el PIA

   - Expedientes SIUSS

5.Del catálogo de servicios que ofrece la Ley 39/2006, de 14 de diciembre, de Promoción de la Autonomía Personal y Atención a las personas en situación de dependencia, ¿cuál es el más demandado, según tu experiencia profesional?

La PECEF

6.¿Existe coordinación entre los T.S encargados de las valoraciones y los T.S encargados de realizar los PIA? Si existe descríbela....

Hay una coordinación muy puntual y para casos extremos.

7.¿Cual crees que es el mayor problema que presenta la Ley 39/2006, de 14 de diciembre, de Promoción de la Autonomía Personal y Atención a las personas en situación de dependencia?

La descoordinación entre instituciones y el trasiego de profesionales para cada expediente.

8.¿Qué propondrías para solucionar dicho problema?

Centralizar la dependencia en servicios sociales comunitarios.

Único programa informático para todo el procedimiento de dependencia.

9.¿Desde el establecimiento de la Ley 39/2006, de 14 de diciembre, de Promoción de la Autonomía Personal y Atención a las personas en situación de dependencia existe un aumento del servicio de ayuda en el domicilio?

Si

10.En que medida crees que afecta la burocratización a la implantación de la ley?

La ralentiza, no se han puesto en marcha soportes informáticos adecuados para todo el procedimiento.

11.¿Crees que en tu trabajo puede haber ciertas interferencias políticas?

Desde luego que sí, siempre se han notado los periodos electorales, y las avalanchas de gentes en comunitarios cada vez que un político se refiere a la dependencia en los medios de comunicación.

Gracias por su colaboración.

Anexo 2: Modelo cuestionario para la población.

Edad _____

Sexo _____

1. ¿Has escuchado hablar de la Ley de dependencia?

□ Si
□ No
□ Alguna vez
□ No se/ no contesta

2. ¿Hace cuanto tiempo esta implantada la ley?

□ Más de 5 años
□ Menos de 5 años

3. ¿A quien va dirigida la ley?

□ A personas mayores de 65 años
□ A personas en situación de dependencia, que cumplan los requisitos.

4. ¿Qué significan estas siglas ABVD?

☐ Actividades básicas de la vida diaria
☐ Actuaciones básicas vitales y diarias
☐ Alimentación básica de la vida diaria
☐ Actividades básicas vitales diarias

5. ¿Es lo mismo discapacidad que dependencia?

☐ Si.
☐ No.

6. ¿Conoce usted algún servicio prestado por dicha ley?

_____

_____

_____

_____

_____

7. El Servicio de centro día facilita asistencia a las

personas beneficiarias mediante el uso de tecnologías de

la comunicación y de la información, con apoyo de los

medios personales necesarios, en respuesta inmediata ante situaciones de emergencia, o de inseguridad, soledad y aislamiento.

☐ Verdadero
☐ Falso

8. El Servicio de Centro de Día o de Noche ofrece una atención integral durante el periodo diurno o nocturno a personas en situación de dependencia, con el objeto de mejorar o mantener el nivel de autonomía, posibilitando la permanencia de la persona en su domicilio y entorno familiar y apoyar a las familias o cuidadoras/es.

☐ Verdadero
☐ Falso

9. Qué es la prestación económica para cuidados en el entorno familiar y apoyo a cuidadoras/es no profesionales?

☐ Es una prestación de carácter excepcional destinada a las personas beneficiarias para ser atendidas por cuidadoras/es no profesionales, siempre que aquellas puedan ser cuidadas en su domicilio por su entorno familiar, se den condiciones adecuadas de convivencia y de habitabilidad de la vivienda y así lo establezca su Programa Individual de Atención.

☐ Es una prestación destinada a las personas beneficiarias para ser atendidas por cuidadoras/es no profesionales, siempre que aquellas puedan ser cuidadas en su domicilio por su entorno familiar, se den condiciones adecuadas de convivencia y de habitabilidad de la vivienda y así lo establezca su Programa Individual de Atención.

10. Cuales son los grados reconocidos por la ley?

☐ Gran dependencia, dependencia severa, dependencia leve.

☐ Gran dependencia, dependencia severa, dependencia moderada.

☐ Muy dependiente, dependiente moderado, poco dependiente.

11. ¿Qué significa las siguientes siglas PIA?

☐ Programa individual de atención.

☐ Programa institucional de atención.

☐ Programa internacional de actuación.

☐ Programa institucional de actuación.

Anexo 3: Modelo de Entrevista T.S de la Junta de Andalucía (Encargados de realizar las baremaciones).

Identificación:

Edad ▨

Sexo ▨

1. ¿Cuánto tiempo llevas trabajando en la realización las baremaciones?

2. ¿Cuáles son las funciones que realizas? ¿ Cómo es el trabajo día a día?

3. ¿Qué destacaría de su trabajo?

4. ¿Qué instrumentos y/o herramientas utiliza habitualmente?

5. ¿Existe coordinación entre los T.S encargados de las valoraciones y los T.S encargados de realizar los PIA? Si existe descríbela….

6. ¿Cual crees que es el mayor problema que presenta la Ley 39/2006, de 14 de diciembre, de Promoción de la Autonomía Personal y Atención a las personas en situación de dependencia?

7. ¿Qué propondrías para solucionar dicho problema?

8. En que medida crees que afecta la burocratización a la implantación de la ley?

9. ¿Crees que en tu trabajo puede haber ciertas interferencias políticas?

10. ¿Ha habido un cambio desde 2007 hasta la actualidad a la hora de obtener puntos, siendo más estrictos en estos momentos?. ¿Como ha influido el R.D 174/2011, de 11 de febrero, por el que se aprueba el baremo de valoración de la situación de dependencia establecido por la Ley 39/2006, de 14 de diciembre?

Gracias por su colaboración.

Bibliografía

Rubio, Mª J/ Varas J. (1999). *El análisis de la realidad en la intervención social. Métodos y técnicas de investigación.* Madrid: Editorial CCS.

Ander-Egg, E. (1982). *Técnicas de investigación social.* Buenos Aires: Humanitas.

Sierra Bravo, R. (1995). *Técnicas de investigación social.* Madrid: Paraninfo.

Sarasola Sanchez- Serrano, J L/ Malagón Bernal, J L/ Barrera Algarín, E. (2010). *Mediación: Elaboración de proyectos. Casos prácticos.* Madrid: Tecnos.

Guardini, R. (1997). *Las etapas de la vida.* Madrid: Ediciones Palabras.

Stuart- Halmilton, I. (2002). *Psicología del Envejecimiento.* Madrid: Ediciones Morata.

Sánchez Vera, P. / Algado Ferrer, MªT. / Centelles Bolos, F. / López Doblas, J. / Jiménez Roger, B. (2009). *Viudedad y vejez. Estrategias de adaptación a la viudedad de las personas mayores en España.* Valencia: Nau Lñibres.

Pope, B (1979): *The mental healt interview: Research and application.* Nueva York. Pergamon.

García Ferrando, M. (1982). *Socioestadística. Introducción a la Estadística en Sociología.* Madrid, CIS.

Ley 39/2006, de 14 de diciembre (publicada en el BOE nº 299, de 15 de diciembre de 2006), de Promoción de la Autonomía Personal y Atención a las personas en situación de dependencia. Art. 1.

Master en Atención Integral a Personas Mayores y Dirección de Centros Gerontológicos. U.D.26 Sistema de Autonomía y Atención a la Dependencia. Carmen Corrales Blanco.

Rodríguez Cabrero, G. (2007). *Política y Sociedad.* Vol. 44 (2), 69-85.

Pulido Martínez, A (2010). *Cuaderno de Trabajo Social.* Vol. 23: 361-379.

Martín Castro, MªB. (2010). *Cuaderno de Trabajo Social.* Vol. 23: 163-187.

www.ingramcontent.com/pod-product-compliance
Lightning Source LLC
Chambersburg PA
CBHW072213280526
45788CB00002B/997